Dil Aur Dastaan

Rooh ki gehraiyyo se likhi kavitaayen

Sobia Rashid

BookLeaf Publishing
India | USA | UK

Made with ❤ on the BookLeaf Publishing Platform
www.bookleafpub.in
www.bookleafpub.com

Dedication

ये हर उस शख्स के लिए जो
मोहब्बत के लिए सबकुछ खो
कर भी उससे जीने में ही यकीन
रखे

ये उनके लिए जो प्यार महसूस
करते हैं ,खोते हैं, फिर भी सपने
देखते हैं क्यूकी सच्चा प्यार बार
बार नहीं होता

इस दास्तान का हर एक
अलफ़ाज़ उस शख्स के लिए
जो मेरी ज़िन्दगी हैं

Preface

आसान नहीं होता अपने
जज़्बातो को अल्फाज़ो में
ढालना, उस प्यार की शिद्दत
को प्यार तक पोहचाना,
हर पन्ने पर, हर अलफ़ाज़
पर मेरे प्यार के जज़्बात है
"दिल और दास्तान" उन्

लम्हो की दास्तान है जिन
लम्हो में एक ज़िन्दगी मिली
थी, अँधेरे में रौशनी मिली
थी,
ये किताब मेरे दिल की
आवाज़ हैं जिस में मेरा
प्यार, यादें, ख्वाब सब
समायें हैं, उम्मीद है की ये
"दिल और दास्तान" का
सफर आपके दिल को भी
छू जाये।

Acknowledgements

"दिल और दास्तान" के हर
उस अलफ़ाज़ के पीछे
उनका शुक्रिया जिन्होंने इसे
समझा और महसूस किया,
मेरे प्यार और जज़्बातो को
समझने वाले दिलों का
शुक्रिया।
इस दास्तान को जीने और
महसूस करने का होंसला
देने वालो को शुक्रिया।

और मेरे प्यार का शुक्रिया,
जिसने इससे महसूस करने
का होंसला और हिम्मत दी ।

1. प्यार ज़िन्दगी है

प्यार ज़िन्दगी है,प्यार जूनून है,
प्यार हर मतलब से दूर है,
प्यार नहीं देखता कोई बंदिशे,
प्यार ज़िन्दगी का सुकून है|

प्यार साँसों का मिलना है,
प्यार आँखों का नूर है,
प्यार में सब सही है कुछ न गलत है,
प्यार जीने का सहारा है,
प्यार में वो सुकून है|

जो न मिलकर भी दिल को एक कसक
है,
प्यार वो खूबसूरत लम्हा है,
जिसे हर कोई न जी पाए,
और जो जी ले वो अमर हो जाये|

2. कदमो के निशाँ

जिस रास्ते में हो तुम्हारे कदमो के निशाँ,
उन रास्तो पे हर दफा चलना चाहूँ,
गूंजती है यादो की जहान आवाज़
तुम्हारी,
उसी गीत को में गुनगुनाती हूँ|

सोची थी तुम्हारे साथ जो ज़िन्दगी,
वो तुम्ही पर ख़त्म होगी,
याद है आज भी मुझे तेरा वो पहला
एहसास,
है बस ज़िन्दगी को अब तेरी ही तलब|

यादों का सहारा है तू,
जीने का इरादा है तू,
कैसे लिखू तुझे अल्फ़ाज़ो में?
मेरे दिल की इबादत है तू।

3. तुम दिल में हो

तुम दिल में हो,
तुम ज़हन में हो,
तुम यादों में हो,
तुम बातों में हो,
तुम साँसों में हो,

तुम ज़िन्दगी के हर किस्से में हो
नहीं है वो ज़िन्दगी मज़ाक
जिसमें तुम हर हाल में हो
तुम सच में हो
तुम फ़क़त मेरी हर धड़कन में हो

न समझा पायी तुम्हे उस वक़्त का
आलम
जिस वक़्त में थम गई ज़िन्दगी मेरी
तुम मानो या न मानो
तुम मेरे यकीन में हो
मेरे जज़्बातो में हो

तुम मेरे हो
क्यूंकि इस दिल में
सिर्फ तुम थे,
तुम हो
और तुम ही रहोगे,
आखिरी सांस तक।

4. ज़िन्दगी है अब तेरे सहारे

ज़िन्दगी है अब तेरे सहारे...
तेरी यादों में तुझे ढूंढ़ती हूँ
उन् बातों में तुझे सोचती हूँ
हर लम्हा तुझे महसूस करके
उन् पलों में रोज़ जीती हूँ

कहते हैं लोग मुझे,
हो गयी हूँ में पागल,
में कहती हूँ मेरी साँसों में धड़कता है तू
इस इश्क़ - ए - इबादत को कैसे करू
बयान ?

में हर एक बात में तुझे सोचती हूँ

है नहीं इस प्यार की कोई मियाद,
जिस पल तू याद आ जाये,
उस पल में तुझे करीब से महसूस करती
हूँ।
न भूल पाऊँगी तुझे जब थम जायेगा ये
दिल ,
इस दिल की हर धड़कन में तुझे महसूस
करती हूँ।

प्यार क्या है यह जाना तुझसे,
उन् लम्हो को खुद में हर रोज़ जीती हूँ।
अब ज़िन्दगी अपनी तेरे नाम करती हूँ,
में तुझसे बेहद प्यार करती हूँ ,

तेरी ही होकर जीती हूँ

5. मेरी शिद्दत

टूट के बिखरना ही मोहब्बत नहीं होती
धड़कनो की शद्दतें तुझे महसूस नहीं होती
मत धकेल इस दर्द के दरिया में मुझे
मेरी प्यास इससे काम नहीं होती

है तू ही मेरी शिद्दत तू ही सहारा
जीने की साथ तेरे ख्वाहिश पूरी नहीं होती
मेरी हर धड़कन में है तेरा नाम
तू देखले तेरी शिद्दत काम नहीं होती

कहता था तू हो जाये अगर मोहब्बत इस
कदर
तेरे नाम से चलें सांसें मेरी
है नहीं यकीन तो झांक कर देखले दिल
में मेरे
है अगर शक तुझे मुझपे ए सनम
तो हर धड़कन में तेरे नाम की आवाज़ न
हुई होती।

6. तड़प

उन रास्त से जब हम गुज़रे
पल थम सा गया
कुछ इस तरहा से महसूस किया तुम्हे
जैसे समुन्द्र किनारे से जा मिला

है ना जाने कैसी कशिश तुम में
तुम्हारी वो आवाज़ में आज भी सुनती हूँ
मिलता है जैसे सागर को किनारा
मिले हो तुम मुझमे हूबहू

है नही इस प्यार का नाम कोई

तेरे प्यार की सियाही से रंग गयी है
ज़िंदगी मेरी
तेरे हाथो को थाम कर चलते चलना है
ख़यालो में ही सही मुझे तेरी बनकर
रहना है

होगी शायद मेरे ही प्यार में शिद्दत की
कमी
जो खुदा ने इस मोहब्बत में तड़प लिख
दी
होगी मेरी इश्क़ - ए - इबादत की
सुनवाई
मेरे दिल के दरिया की वो प्यास कम नही
होती

7. एहसास

जब जब तेज़ होती हैं मरी धड़कनें
तब तब सांसो में तेरा एहसास होता है
हर उस पाल दिल पर हाथ रखती हूँ
ज़ुबान पर तेरा ही नाम होता है

मुस्कुरा उठते है होंठ जब
धड़कनें थमती है तेरा नाम लेने से
तू क्या ही जाने मेरे हमदम
तुझे अपनी सांसो के साथ जीती हूँ

मेरा हर एक हिस्सा अब
मुझसे तेरी ही बात करता है
मुस्कुरा उठती हूँ में
जब दिल तुझे याद करता है

ना जाने क्या है ये दिल से दिल का नाता
मेरी खामोशी में भी
ये दिल आवाज़ करता है
ये दिल बस तुझे याद करता है

ना होगा कोई तेरे बाद
ना चाहा था तुझसे पहले कोई इस कदर
शिद्दत-ए-मोहब्बत बन गया है तू
मेरी ज़िंदगी बन गया है तू।

8. तस्वीर

तकदीर से तस्वीर मिली तेरी
तस्वीर से मिला तेरा साथ
ज़िंदगी मिले ना मिले दुबारा गम नही
बस तू चाहिए ज़िंदगी से मुझे
ना चाहिए दुनिया का साथ

तेरे प्यार की धुन में
झूमता है मन मेरा
गम में भी तुझे
याद करके खुशी ढूँढती हूँ
में दीवानो की तरहा

तुझे प्यार करती हूँ

हैं जितने फ़ासले
उतनी ही नज़दीकियाँ होंगी
खुदा ने दिल की तस्वीर में उतारा है
तो मुलाकात भी होगी
चाहती हूँ तुझे कितना
मर कर भी बयान ना कर पाऊँ

देखले मेरी आँखो में जज़्बात अपने
लिए
दिल की धड़कनो में हमदम तू ही रहेगा

इस मोहब्बत में अभी शिद्दत बाकी है
है जहाँ तू नही वहाँ कदम नही पढ़ते मेरे
जहाँ थे हमारे साथ कदम
वहाँ अभी जाना बाकी है

किया है तुझे महसूस हर उस जगह
जाकर
जहाँ तू साथ चला
हर गलियों के रास्ते में ढूँढा है तुझे
जिन गलियों में पकड़ कर
हाथ मेरा तू चला था
साथ बनकर मेरा तू चला था|

9. किस्मत की लकीरो में

होता किस्मत में लिखा अगर
तुम ही लकीरो में सबसे पहले लिखे होते
होता मेरे बस मे अगर
तुमसे पहले ना गेर मिले होते

बस नही चलता
मोहब्बत पे ए सनम
वरना इन सवालो के जवाब
हमें भी मिले होते

है नही गुंजाइश
तुझे भुलाने की
जी रही हूँ हर
एक पल तेरी याद में

अब सफ़र-ए-मोहब्बत कुछ इस तरहा है
तू ही हो सकता है
ये मतलब नही
तू ही है अब, बस तू ही है

होता बस में तो
काश कर पाती ऐसा
जो तूने कहा वो
में सोच पाती ऐसा

भूल जाएगा
एक दिन तू मुझे
में मरते दम तक
तेरी परछाई रहूंगी

में आखरी साँस तक
तेरी बनकर रहूंगी
में आखरी धड़कन तक
तेरा इंतेज़ार करूँगी|

10. इंतज़ार है इकरार का

किस कदर तुझे याद करती हूँ
है ना कोई कलम जो लिख सकू उससे
अपनी मोहब्बत का फसाना
तू कुछ इस तरह से उतरा मेरे दिल में
की ज़िंदगी को मिल गया एक सहारा

ना मुमकिन सा है ये
की तू ना रहे इस दिल में
मुमकिन तो है बस
तेरी याद में जी जाना

है वो ज़िंदगी भी कितनी खूबसूरत
जिसमे तेरी याद मेरे साथ हो
दिखे ना तू भले ही साथ मेरे
फिर भी मेरे पास हो

मोहताज नही है ये मोहब्बत इस ज़माने की
तरसती है मेरी आँखें तुझे देखने को
तड़प सी है मुझमे आज
तेरी एक झलक पाने की

है ज़माना दुश्मन प्यार का
मुझे इंतेज़ार है तेरे इकरार का
तेरा चुप रहना भी समझ आता है

अंदाज़ है इसमे तेरे प्यार का

बेहद खूबसूरत है तेरी आँखें
है मोहब्बत बेशुमार जज़्बातो में
तेरी हर एक चीज़ से प्यार है
तेरे हाथो को चूमती थी हर पल
जिन हाथो में मेरी ज़िंदगी का साथ है

एक मोहब्बत का जुनून है मुझमे
जिसे दुनिया दीवानापन कहती है
समझाऊं कैसे में उन्हे
बिना युवराज के युवरागी कैसी है

11. मुस्कुराहटें

टूट रही हूँ में,
फिर भी चेहरे पर मुस्कुराहटें हैं।
ए ज़िंदगी! यह किसके
आने की आहटें हैं?

होगा क्या मेरी लकीरो में?
इस से में वाकिफ़ नहीं,
तू बता- इस दिल में
बेचैनी क्यूँ हैं?

इतने ज़ख़्मो के बाद,
क्या और कोई ज़ख़्म है?
है नहीं मेरी किस्मत में,
कोई जो लगा सके
मेरे ज़ख़्मो पे मरहम|

अब ये जिस्म ओर रूह,
तकलीफ़ ओर आजिज़ी में है|
फिर भी चेहरे पर,
मुस्कुराहटें क्यूँ हैं?

क्या छोड़ दिया है मैने,

ज़िंदगी से उम्मीदों का फसाना?
या फिर-
कोई खुशी दस्तक देकर
लौटने को है?

हूँ जिस ज़ख़्म से उबर रही,
वो नासूर बन रहा है।
हर एक दिन,
डर में गुज़र रहा हैं।

फिर भी चेहरे पर,
मुस्कुराहटें क्यूँ हैं?
क्या जान-ए-वफ़ा की दस्तक हैं?
या मेरी जान जाने को हैं?

है जीत में भी हार,
हूँ भीड़ में भी तन्हा,
हैं फिर भी चेहरे पर मुस्कुराहटें।
कहीं गम है इसके पीछे
तो कहीं बेबसी के काफिले छुपे हैं।

12. टूट कर भी तुझसे मोहब्बत

है डर नहीं,
सब खो कर बैठी हूँ।
में अपना आशियाँ '
लुटा कर बैठी हूँ।

मोहब्बत में डूब कर,
में चूर-चूर होकर बैठी हूँ।
है नफ़रत जितनी तुझे,
उतनी मुझे मोहब्बत हैं।

तू तोड़ दे मेरे दिल को,
टुकड़ो में आईने की तरहा|
हर उस टुकड़े में है,
दिल मेरा ज़ख़्मी हुआ|

देखेगा अगर तू उन्हे -
क्या समेट पाएगा?
हर टुकड़े में तुझे,
अपना चेहरा नज़र आएगा|

तू चाहे मोढ़ ले मुह,
में फिर भी तुझे चाहूँगी|
तू दिल लगाले कहीं और,
में फिर भी तुझमे समाऊँगी|

अगर नफ़रत है तुझे,
तो सुनले-
बदले में मैं तुझे,
ये नही दे पाऊँगी|

13. तू ही मेरा इकरार

सच्चा प्यार बार-बार नहीं होता,
एक तरफ़ा प्यार बेज़ार नहीं होता|

भूल जाऊंगी सबको एक दिन,
हूँ उस मोढ़ पर खड़ी|
बस तू ही मेरी दुनिया से,
गुमनाम नहीं होता|

है खुदा बेशक,
और ये सच है अगर,
तो जिसने बिछड़वाया ,

आज वो खुद इस कगार पे ना होता।

तू यादो में हैं,
तू बातों मीं है,
तू दिन के उजाले,
और शाम की ठंडी छाओ में हैं।

यकीन नहीं आता तो,
वक़्त को आज़मा कर देख ले।
ना मिलेगी मुझ सी दीवानी कोई,
इम्तेहान लेकर देख ले।

एक तू ही मेरी यादों से ,
बेगाना नहीं होता।
तेरे रूठने में भी,

मुझे प्यार नज़र आता है।

यही तो मोहब्बत हैं सनम-
इसमे बस दिलदार नज़र आता है।

14. तेरे खोने का डर

डरती हूँ इकरार से,
तू इनकार ना कर दे कहीं|
डरती हूँ, तू मुह फेर ना ले कहीं,
डरती हूँ, मुझसे छीन कर
खुद को ही ना
ले जाए तू कहीं|

डरती हूँ तुझे खोने से,
जी नहीं पाऊँगी फिर कभी|
आख़िरी वक़्त में जो
चेहरे पे मुस्कान ला दे,

जाते - जाते जो ज़िंदगी की
ख्वाहिश दे जाए- वो है तू|

भला कैसे हिम्मत जुटाऊं,
इन पलो को खोने के डर से?
टूट जाऊंगी में, है डर मुझे|
झुठला ना दे तू कहीं,
बिखर जाऊंगी में, डर है|
तू ये कह ना दे कहीं,
की तेरे दिल में मेरी
हैसियत वो है नही|

मर जाऊंगी जीते जी में,
ना सुन पाऊँगी- है डर यही|
हिम्मत जुटाने की कोशिश है बहुत करी|

तू रूठ ना जाए- है डर यही|
तू मुह ना फेर ले,
इसी डर से सेह्म जाती हूँ|

तू जीने का सहारा ना छीन ले कहीं,
रूह का जिस्म से निकलने जैसा है,
तेरा खोने का डर- रूह-ए-अज़ीयत सा
है|

15. तू है तो ज़िंदगी है

अपना ख्याल रखना,
अगर मुझे कुछ हो जाए
तो मुझे याद रखना|
मानती हूँ-
नहीं हूँ इस लायक में,
पर मेरी मोहब्बत का एहेतराम रखना|

जी रही हूँ तेरे ही लिए,
मर कर भी तुझे ही चाहूँगी|
अब होता नहीं गवारा
कि बिन तेरे ये ज़िंदगी बिताऊंगी|
ले आऊँ उन लम्हो को

जिनमें खुल कर जी गयी थी में|

अब तो रूह से
तेरा कुछ ऐसा ताल्लुक है
कि मेरी रूह के साथ ही
मेरी दीवानगी जुड़ी हैं,
तू जुड़ा हैं|

है कुछ नहीं यहाँ खोने को मगर
ना जाने क्यूँ लगता हैं
तू अभी भी यहीं हैं|
है ज़िंदगी नाराज़,
जो तू पास नहीं हैं|

इसे कैसे मनऊँ- तू बता?
इसमे तू नहीं तो कुछ नहीं हैं|
बहुत जतन किए
मैने जीने के लिए,
पर ज़िंदगी की आस तू ही हैं|

तू है मेरे दिल की धड़कन,
तू सांसो का चलना हैं|
तू सुबेह का सूरज,
रात की ठंडी छाओं हैं|
तू कुदरत - ए- मोहब्बत,
तू ही आशियाँ हैं|

कैसे करू लफ़्ज़ो में बयान ?

तू है, तो ज़िंदगी है|

16. तेरी परछाई

हैं जहाँ कदम,
हो तेरा रास्ता वहीं।
तू पास ना हो मगर,
चल दू तेरी बनकर परछाई वहीं।

है दिलो का सुकून जहाँ,
ना हो रुसवाई वहाँ।
ढूँढने जो निकले मुझे कहीं,
मिलू बनकर में तेरी परछाई वहीं।

ना ढूँढ मुझको दर-बदर,
हूँ तुझमे ही में समाई कहीं|
हूँ दिल की धड़कनो में तेरी,
हूँ तेरी साँसों में समाई कहीं|

देखले तू खुद में झाक कर,
मिलूंगी तुझ ही में समाई कहीं|
ना ढूँढ मुझको दर-बदर,
में हूँ तेरी परछाई यहीं|

17. तेरे प्यार का अंदाज़

प्यार है मुझे -
तेरे प्यार जताने के तरीके से,
है इकरार मुझे तेरे एहसास से जीने में|
दूर होकर भी मुकम्मल ये मोहब्बत है,
है शिद्दत ऐसी -
की पूरी कायनात जुटी हो मिलाने को इसे|

है पल करीब -
जब तू होगा साथ मेरे,
ना जाने इस मोहब्बत में,
इतना दीवानापन क्यूँ है?

जो नहीं दिखाई दे रहा,
उसके आने की आस क्यूँ है?

है प्यार मुझे -
तेरे प्यार जताने के तरीके से,
तेरे पास ना होकर भी,
मेरे साथ होने के तरीके से|
है तू ना बेख़बर,
है वाकिफ़ तू मेरे प्यार से|
ना देख सकता तू ही मुझे,
इस बिखरते हुए अंदाज़ से|

है प्यार मुझे -
तेरे प्यार जताने के तरीके से

है तू नहीं अंजान,
है वाकिफ़ इस सिलसिले से|
चूर-चूर कर देगा मुझे -
तेरा यूँ मूह फेर लेना|

है प्यार मुझे -
तेरे प्यार जताने के तरीके से|
है तू वाकिफ़ मेरी मोहब्बत से|
है तू ना होकर भी मेरे आस-पास,
रहे तू मेरे हमेशा साथ|
है इसी अंदाज़ से तेरे प्यार मुझको|

है प्यार मुझे -
तेरे प्यार जताने के तरीके से|
है खुदा से यही दुआ -

मुकम्मल हो ये मोहब्बत ,
मेरी भी किस्मत में हो तेरी चाहत|
हर धड़कन में तेरा एहसास होता है
जब दिल धड़कता है तो जैसे तू पास
होता है|
है प्यार मुझे तेरी इसी अंदाज़ - ए -
मोहब्बत से|

18. याद है वो पहली मुलाकात

वो पहली मुलाकात,
याद है मुझे,
वो तेरा ठहर जाना,
मुझे देख कर यूँ आँखो में आँखें मिलाना,
मेरा पल भर में यूँ तुझमें खो जाना -
याद है मुझे, वो पहली मुलाकात|

दिल का वो थम - सा जाना,
याद है मुझे
जब सब कुछ ठहर - सा गया था,
तेरे और मेरे दरमियाँ,
उन खामोशी के पलों में,

कुछ अनकही बातें जो हम कर गए।

वो पहली मुलाकात
ना तुझसे कह पाई में आज तक,
हो गयी थी उस एहसास की हलचल दिल
में मेरे,
जिस तरहा से तूने नज़र थी मिलाई,
जैसे सदियों से ढूँढ रही हूँ में,
जो जवाब तेरी आँखों में पढ़ गई।

याद है वो पहली मुलाकात,
जब दिल बहक - सा गया था,
जैसे तू मुझे छू - सा गया था,
प्यार था उस मुलाकात में -

वो पहली नज़र वाला प्यार।

जब कुछ बिन बोले ही,
खामोशियाँ दस्तक दे गई थी,
उस प्यार की -
जब गुज़री थी तेरे सामने से,
तो साँसों मे था समा चुका तू।

उस पहली मुलाकात का एहसास,
याद है वो...
दिल में जो एहसास,
तेरे लिए पनप गया,
था नहीं वो इत्तेफ़ाक़,
जो यूँ ही गुज़र गया।

सालो से पनप रही,

उस मोहब्बत का,
आशियाँ संवर गया,
याद है मुझे वो पहली मुलाकात|

19. तेरे इंतेज़ार में

इंतेज़ार...
जब बहने लगें जज़्बात,
तेरा इंतेज़ार रहता है|
जब लगे छूट सी रही है
ज़िंदगी की डोर -
तेरा इंतेज़ार रहता है|

जब सिसकने लगू में,
तेरा ही ख़याल रहता है|
कि हो तू उस पल साथ,
तेरे कांँधे पे सिर रख

में खूब मन हल्का करूँ -

निकाल दू सब जज़्बातो को बाहर,
सिर्फ़ तेरा ही एहसास रखूं।
ढूंडती हैं तुझको ये आँखें,
इस कदर इंतेज़ार को
कैसे बयान करूँ।

शायद तू प्यार ना करे मुझसे,
पर में अपने प्यार का
इकरार कैसे करूँ ?
इंतेज़ार...

20. तेरी यादों का सफ़र

आँखें बंद करती हूँ तो महसूस होता है तू,
तुझे सोचती हूँ तो करीब होता है तू।

है छू गया तू रूह को इस कदर,
तेरे ना पास होने का एहसास हर रोज़
करती हूँ।

अगर बस चले तो बता सकूँ में तुझे,
की कितना प्यार में तुझसे करती हूँ।

अगर तेज़ होने लगे दिल की धड़कनें
तेरी,
तो समझ ले - में याद तुझे करती हूँ।

ना कर सकेगा कोई और पूरा,
इस प्यार को जो में तुझसे करती हूँ।

रहने लगी हूँ ना-साज़ बिन तेरे,
में याद इतना तुझे करती हूँ।

21. मेरी रूह का सुकून

है जो कशिश तुझमें,
है ना वो जहाँ की किसी भी खूबसूरत निएमत में|
इस तपती हुई सी ज़िंदगी में सुकून का साया है तू,
मेरे इस जहाँ का सबसे हसीन सरमाया है तू|

तेरी ही मुस्कुराहट में सिमटी हैं मेरी सारी खुशियाँ,
हो तू ही हमकदम,

हर सफ़र में तू ही साथ चले -
है यही दुआ मेरी|

ना रूठ जाए अब ये ज़िंदगी मुझसे,
तेरी यादों की डोर से बँधी हैं साँसें मेरी|
बयान नहीं हो सकेगी ये चाहत कभी,
है समुन्द्र से भी गहरी ये मोहब्बत मेरी|

खुद के ही वजूद में,
तुझे महसूस करती हूँ|
तेरे बिना भी हर पल,
तुझ में ही पूरी होती हूँ

ढूंडती हूँ लफ्ज़, मगर मिलते नहीं,
बिन तेरे ये कदम अब बढ़ते नहीं|

ज़िंदगी की राहों की रोशनी है तू,
कहूँ क्या तुझसे ?
मेरी खुशी, मेरा सुकून हैं तू।

www.ingramcontent.com/pod-product-compliance
Lightning Source LLC
LaVergne TN
LVHW050800051026
849532LV00008B/2925
* 9 7 9 8 9 0 0 8 1 2 2 7 4 *